THÈSE

POUR

LA LICENCE.

TOULOUSE,

TYPOGRAPHIE GIBRAC OUVRIERS RÉUNIS,
RUE SAINT-PANTALEON, 3.

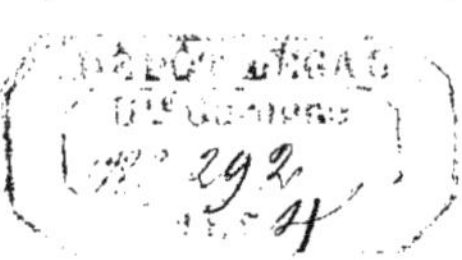

THÈSE

POUR

LA LICENCE.

En exécution de l'Article 4, Titre 2, de la Loi du 22 Ventôse an XII.

L'Acte public sur les matières ci-après sera présenté et soutenu dans une des salles de la Faculté de Droit de Toulouse, le 28 août 1854,

Par M. BLANC (Adolphe),

Né à Milhau (Aveyron).

Président : M. BENECH.

TOULOUSE,

TYPOGRAPHIE GIBRAC OUVRIERS RÉUNIS,

RUE SAINT-PANTALÉON, 3.

1854.

Jus Romanum.

De rebus creditis.

Dig. Lib. XII, Tit. I. — Inst. Just. Lib. III, Tit. II.,
In proemio.

Creditor est qui se credidit alicui et rem obtinere aut recuperare debet ab illo, et ad persequendam illam rem specialem habet actionem quæ *condictio* vocatur, et à *vindicatione* differt, quia illâ non spes rei tradendæ petenda est, sed dominium et jus antè creatum aut possessum.

Multos varios contractus continet hoc verbum *rerum creditarum* : verbi gratiâ, commodatum quo debitor eamdem rem restituere debet, aut mutuum, quo similes res restituendæ sunt et non eædem. Itaque dicemus, rem creditam esse et sequendas esse regulas quæ nobis sunt enumerandæ, quotiescumque fidem alicujus secutus est alius.

Primùm nobis disserendum est generaliter de rebus creditis et mox de *mutuo* quod sicut species rerum creditarum habetur.

De rebus creditis.

Animadvertendum est duas species recipere generalem actionem quæ condictio vocatur, cum certa aut incerta est. Certa est cum res credita, quantitate, aut nomine suo aut eâ demonstratione quæ nominis vice fungitur, ostenditur; et parum refert an digitus aut vocabula quædam illam definient. Incerta est, cum res in obligatione inclusa non tali modo definitur, et creditor aut debitor optionis jus quoddam habet.

1o *Quibus casibus oritur hæc condictio.* — Competit ex omnibus contractibus, sive re fuerint, sive verbis; et statutum fuit non impedire nasci condictionem inutilem stipulationem , dum numeratio facta sit ad reddendam illam pecuniam. Putà erit, si a pupillo sine tutoris auctoritate stipulatio fuit , nam numeratio magis quam stipulatio actionem parit.

Non solum ex contractibus nascitur condictio , sed ex quasi contractibus aut delictis. Sic , ex legati causâ , quamvis non est legatum res credita , quoniam nil promisit hæres legatario qui nil stipulatus fuit.

Idem erit si res mea ad te pervenerit sine justâ causâ , sed quoque sine delicto , solo errore adquisitionis. Sed quæritur si quis de fundo vi dejectus sit, an condici ei possit qui dejecit. Labeo negat , sed putat Celsus posse condici possessionem quemadmodum posset , re mobili subreptâ.

2o *Adversùs quas personas datur condictio.* — Sive suo nomine quis obligatus sit , sive alieno , per hanc actionem rectè convenitur , dummodo dies aut condictio in stipulatione adjectæ impletæ sint. Sufficit quoque aliquem locupletiorem factum esse ex re alienâ. Itaque si servus mihi legatus a te possessus fuit et mortuus fuit, actionem adversus te habebo, quia usus fuisti re alienâ.

Eâdem actione persequendæ sunt res pignori datæ , cùm pecunia soluta fuit , et vel pars tui fundi vi fluminis avulsa.

De mutuo.

Mutuum est contractus re factus quo astringitur debitor ad restituendam rem similem illi quæ a creditore tradita fuit.

Differt ille a rebus creditis , sicut species a genere, sed potissimum in duobus.

Creditum consistit extrà eas res quæ pondere numero mensurâve constant ; contrà mutui datio consistit in illis rebus quæ ex meis tuæ fiunt et functionem recipiunt invicem. Altera est ratio discriminis , quia mutuum non potest esse nisi proficiscatur pecunia, dum creditum esse potest, etiam si nihil proficiscatur , veluti si post nuptias dos promissa fuit.

Mutui datio omnes conditiones admittit quæ in stipulationibus inseri solent, et ideo interdum pendet, ità ut confirmatur solùm ex post facto.

1° *Quæ sit substantia mutui?* — Quoniam qui accepit mutui dationem non tenetur illam reddere, sed similem, interest maximè translatum fuisse rei dominium.

A. — Ad illam implendam conditionem necesse est dominum esse qui tradit. Itaque si socius communem pecuniam numeravit, non mutui veram et justam dationem facit, nisi cæteri quoque consentiant.

Tamen si nummos meos-tuo nomine dedi, velut tuos, te absente et ignorante, tibi erit condictio quamvis dominus non fuisti pecuniæ numeratæ. Idem erit et mihi erit condictio adversus te si accepisti nummos à debitore meo qui meum mandatum acceperat tibi tradendæ pecuniæ, licet illa pecunia mea adhùc non fuerit.

Quærebatur si mutuum erat, cum procurator qui recepit nummos à debitoribus mandantis et pecuniam illam ad se servavit, cum a mandante illa petitur. Et placuit Ulpiano non esse vere mutuatam pecuniam, nam alioquin dicendum esset pecuniam creditam fieri posse ex nuda pactione, et fingendum esset traditionem factam fuisse à procuratore ad mandantem et a mandante in procuratorem.

B. — Necesse est quoque traditionem intervenire, nisi pecunia quam alicui mutuam dare volo, jam penes eum sit. Itaque cum deposui apud te decem aureos et posteà tibi permisi uti, mutuum fit cùm tibi novum titulum possessionis tibi concessi, depositi antiquum diruens.

C. — Denique oportet inter mutuo dantem et mutuo accipientem, de transferendo rei mutuo datæ dominio convenisse. Undè, si tibi quasi depositum nummos dedi et tu quasi mutuum accipias, nec depositum nec mutuum est. Tamen si consumpti fuerint nummi, locus erit condictioni.

Et generaliter quotiescumque bonâ fide consumptio erit, condictio erit quoque. Itaque si pupillus pecuniæ mutuum fecit, cum non dominus est, pecuniam non illius qui recepit, facere potest, et vindicationem habebit, si extat pecunia, quasi nunquam amissum fuit illius dominium; sed si consumpta est bonâ fide pecunia , condictionem solum habebit.

2o *Quæ oritur ex mutuo actio.* — Condictio specialis est quæ mutui vocatur et semper certa est, quia numeratione nummorum præcedente valdê definitur.

Ex consequentiâ, cum contractus est stricti juris mutui contractus, in illâ actione solum includendum est quod numeratum fuit et stipulatum. Itaque si usuras mutuatæ pecuniæ vis obtinere, stipulatio specialis ad illas obtinendas creanda est.

Si reddendæ sunt similes res illis quæ traditæ fuerunt, simillimæ esse debent non solum quantitate, sed etiam qualitate. Verbi gratiâ, si muuum factum fuit veteris vini, non reddendum erit novum. Sed ad æstimationem rei, quæsitum est quo tempore et quo loco inspiciendum esset; et placuit Sabino necnon aliis jurisconsultis maximè inspiciendum esse tempus et locum litis contestatæ, si nulla alia facta fuerit conventio.

3o *Cui et adversùs quem hæc competit actio?* — Generaliter datur ei qui mutuo dedit suo nomine aut cujus nomine mutuo datum est , non ei cujus est pecunia quæ data fuit. Tamen utilis aliquando datur illi; exempli gratiâ, si is cujus nomine alius mutuo dedit , nomen ratum habere non vult.

Si servus communis mutuam pecuniam dedit , erit condictio illius dominis pro ratâ portione dominii in illo.

Tandem certum est competere hanc condictionem adversùs eum qui mutuum accipit et non adversùs cum in cujus rem versa est pecunia ab alio accepta , nisi is mandatum dederit ad numerandam pecuniam propter suam utilitatem.

Code Napoléon.

——

Du partage et des rapports.

(Art. 815 à 890.)

Une succession vient de s'ouvrir et l'héritier unique , saisi de plein droit de tous les biens qui la composent, prend en tout et pour tout la place de son auteur ; dans ce cas-là , rien de plus simple que la liquidation de la succession. Mais il peut y avoir plus d'un héritier ; alors, la liquidation devient plus difficile ; il faut briser cet état de communauté dans lequel se trouvent forcément les successeurs du défunt , matérialiser , rendre concrète cette partie idéale , abstraite , que chacun a sur l'hérédité du moment où elle s'ouvre : c'est là l'objet du partage. Il faut aussi , dans un partage , maintenir l'égalité entre tous ces héritiers ; égalité qu'on obtiendra au moyen du rapport qu'ils feront à la masse partageable des donations qu'ils ont déjà reçues.

CHAPITRE Ier.

Section Ire. — Partage de l'actif héréditaire.

§ 1er. — *Qui peut former l'action en partage ? contre qui doit-elle être dirigée ?*

L'action en partage est une action réciproque (*judicium duplex*), qui compèle indivlduellement à chacun des cohéritiers , pourvu que sa qualité soit reconnue , et quelle que soit sa capacité juridique ; mais les formes qui accompagnent le partage varient avec la capacité des parties.

Pour l'action qui compèle au mineur non émancipé ou à l'interdit ,
elle ne peut être exercée que par le tuteur autorisé par le conseil de
famille (817). Quand plusieurs mineurs ou interdits placés sous la tutelle du même individu , ont des intérêts opposés dans le partage , le
conseil de famille nomme un tuteur spécial à chacun d'eux (838 *in fine*
et 958 , C. P. C.). Pour les mineurs émancipés , le partage doit être fait
avec l'assistance du curateur , même quand il s'agit de succession purement mobilière ; l'article 840 en effet ne distingue pas. Pour les personnes pourvues d'un conseil judiciaire , l'assistance du conseil est toujours
nécessaire.

Pour la femme mariée , il faut distinguer. S'il s'agit d'une succession
qui doit tomber dans la communauté , le mari comme maître exclusif
de cette communauté , aura le droit de provoquer seul l'action en partage ; s'il s'agit de biens qui ne tombent pas dans la communauté , le
mari ne peut en provoquer qu'un partage provisionnel , sans le concours
de sa femme (848). Mais cette dernière pourrait , avec l'autorisation
de son mari provoquer un partage définitif sur la nue-propriété : cette
autorisation lui suffira aussi pour provoquer le partage des biens dont
elle doit avoir à la fois la nue-propriété et la jouissance.

Quand les cohéritiers sont absents déclarés , le droit d'intenter l'action
en partage est entre les mains des envoyés en possession provisoire ou
définitifs (817). Pour les présumés absents , voir les art. 112, 113, 114.

Les créanciers peuvent intenter cette action au nom de leurs débiteurs (1166). Ils y sont même forcés dans le cas de l'art. 2205 , quand
ils veulent faire vendre la part indivise de leur débiteur ; ils peuvent
aussi s'opposer , quand le partage a déjà été demandé par le débiteur ,
à ce qu'il soit fait en dehors de leur présence ; et si alors le partage
était fait au mépris de leur opposition , ils pourraient l'attaquer. Ils ont
aussi le droit d'intervenir à leurs frais au partage (882). Quant aux créanciers de la succession , comme ils sont sans intérêt , ils sont sans droit

à demander le partage ; leurs droits sont réglés par les articles 820 et
821.

Les cessionnaires de l'intégralité ou d'une quote-part d'une portion héréditaire peuvent aussi intenter l'action en partage ; mais le législateur
ayant considéré que le partage doit être et est essentiellement une convention de famille , d'où l'on doit bannir la cupidité et le désir de la
spéculation , a donné le droit à tous les cohéritiers de repousser du partage ces cessionnaires étrangers (841). Exercer ce droit , c'est exercer ce
qu'on appelle le *retrait successoral*. Les non-successibles sont les seuls
qui puissent être ainsi écartés ; mais aussi ils peuvent l'être tous , quand
même ils seraient parents du défunt. Le successeur irrégulier lui-même ,
le légataire universel ou à titre universel ne peuvent pas être écartés ;
car , même sans la cession consentie à leur faveur , ils seraient interve-
nus au partage. Pour que le retrait successoral puisse être exercé , il ne
faut pas que la cession ait été faite par donation ; l'art. 840 le déclare
implicitement , et ce résultat se justifie aisément ; la cupidité et ses fâcheux effets ne sont plus à craindre de la part d'un donataire. Mais si
le donataire a vendu ses droits à une autre personne , cette dernière
n'est plus à l'abri du retrait : *Cessante causâ, cessat effectus.*

Pour repousser le cessionnaire , il faut lui rembourser le prix qu'il a
réellement payé et non celui qui est porté dans l'acte , prix que l'on
aurait pu élever par une simulation , dont celui qui exerce le retrait
pourra et devra faire la preuve. Outre le prix de la cession , il faudra
rembourser les frais et loyaux coûts de l'acte; le cessionnaire doit être
pleinement indemnisé.

Le retrait ne profitera qu'à celui qui l'a exercé , s'il fait une bonne
affaire. Ce résultat est très-juste , car si le retrayant avait fait une mau-
vaise opération , ses cohéritiers auraient pu la lui laisser pour son compte,
et il faut par réciprocité qu'il profite seul des bénéfices qu'elle procurera.

L'action en partage ne peut être formée que contre ceux qui ont le
droit de l'exercer ; elle doit l'être contre tous , et la capacité nécessaire
pour l'exercer est en général nécessaire pour y défendre. Par exception
à cette dernière règle , le tuteur peut défendre à une action en partage

sans avoir obtenu l'autorisation du conseil de famille, qui lui est cependant nécessaire pour l'intenter (465).

§ 2. — *Depuis quand et jusques à quand l'action en partage peut-elle être intentée ?*

Nul ne peut être contraint à demeurer dans l'indivision, et le partage peut *toujours* être provoqué, nonobstant prohibition et convention contraire, dès le moment où la succession est ouverte. Cependant, l'on peut convenir de la suspension du partage pendant cinq ans, et cette convention est susceptible d'être renouvelée plusieurs fois. Il est certain que, quand la cause relative à l'indivision n'en fixe pas le terme, ou en prolonge la durée au-delà de la période légale, cette clause n'est pas nulle ; son effet est seulement restreint à cet espace de temps. Mais le doute peut s'élever sur le point de savoir si la condition prohibitive du partage imposée par le testateur doit être nulle, ou si elle peut valoir pour cinq ans. C'est le premier avis qu'il faut adopter : il se fonde sur le texte de l'article 815, qui ne fait d'exception au principe de l'inaliénabilité de l'action en partage que dans le cas de convention passée entre les héritiers ; il se fonde aussi sur la raison de cette exception dont l'on conçoit l'admission quand elle est créée par des héritiers qui se sont connus et se sont déjà réunis, et qui se comprend à peine quand elle est imposée quelquefois par pur caprice.

Si l'action en partage est inaliénable, elle est aussi imprescriptible (816) ; mais elle n'est plus recevable, parce qu'elle est sans objet, ou bien quand un partage a été fait, ou bien quand l'indivision, subsistant encore de droit, mais ayant cessé de fait, l'un des héritiers se comportant sans opposition, comme seul et unique propriétaire de l'hérédité, l'a possédée pendant trente ans d'une façon exclusive. Le même résultat a lieu quand les différents communistes ont possédé pendant le même temps, comme s'il y avait eu partage, des portions matériellement distinctes de l'hérédité : il se produit aussi, mais partiellement, quand la possession exclusive n'a pas porté sur l'hérédité tout entière , mais seulement sur une partie ; auquel cas, pour les objets qui sont demeurés dans l'indivision , l'action en partage subsiste toujours.

§ 3. — *Quels sont les différents modes de partage ?*

Sans avoir la forme d'un partage , il est certains actes qui peuvent en produire les effets ; on peut citer, par exemple : la licitation ouverte aux enchères d'un immeuble impartageable ou difficilement partageable , et dont le résultat est de convertir cet objet en une somme d'argent qui est, on le sait, essentiellement divisible (883) ; la vente de ce même immeuble consentie à l'amiable au profit de l'un des cohéritiers par tous les autres ; et enfin la vente , cession ou échange des droits successifs entre cohéritiers ; une transaction même peut tenir lieu de partage (888 2e al.)

Le partage proprement dit , le partage qui réellement divise l'hérédité en autant de parts qu'il y a d'héritiers , peut revêtir deux formes différentes ; il peut être conventionnel, amiable ; il peut être judiciaire.

Cependant il doit avoir lieu en justice :

1o Quand il se trouve parmi les cohéritiers des mineurs même émancipés ou des interdits (838).

2o Quand il en est qui ne sont pas présents en personne et qui ne sont pas représentés par des mandataires munis de pouvoir suffisants pour procéder au partage amiable (838 et arg. 985 C. P. C.)

3o Quand l'un ou l'autre des cohéritiers présents , majeurs et maîtres de leurs droits, refuse de consentir au partage, quand il n'y a pas d'accord entre eux.

Les créanciers des cohéritiers ne peuvent jamais les forcer à faire un partage judiciaire ; les seuls droits qu'ils ont sont énumérés dans les art. 820, 821, 826, 882 C. C., et 909, 930, 941 C. P. C.)

Hors de ces trois hypothèses , le partage peut avoir lieu à l'amiable et les parties sont autorisées à y procéder dans telle forme et par tel acte qu'il leur plaît de choisir (819). Elles peuvent le faire dans la forme authentique ou sous-seing privé, mais il faut qu'il y ait un acte , une preuve par écrit.

Un partage peut être définitif ou provisionnel , et il est provisionnel, soit par la volonté des parties , quand elles n'ont entendu procéder qu'à une division de jouissance en laissant subsister l'indivision quant à la propriété, soit en vertu de la déclaration de la loi quand des cohéritiers non présents, mineurs ou interdits se trouvaient intéressés dans le partage , et qu'il a été conclu sans l'observation des formes par elles prescrites (840).

Un pareil partage doit être réputé provisionnel même à l'égard des héritiers présents, majeurs et maîtres de leurs droits, et alors les uns et les autres peuvent demander un partage définitif dans le délai et d'après les règles indiqués plus haut. L'application de l'art. 1125, qui ne permet qu'aux incapables d'attaquer l'acte qu'ils ont consenti, doit donc être repoussée ici. Cette règle, en effet, est essentiellement exceptionnelle , car elle est contraire à ce principe que la position des parties doit être égale ; elle ne doit donc pas être étendue aux cas auxquels elle ne s'applique pas formellement, et certes ici l'on ne peut établir aucune assimilation entre le cas de l'art. 1125 , qui s'occupe de l'action en nullité d'un contrat entaché d'un vice , et celui de l'art. 840, qui parle d'un contrat valable en soi, mais qui a seulement un caractère provisionnel. Cependant la solution opposée devrait être admise si les parties majeures avaient formellement renoncé à demander un partage définitif ; alors naît la question de savoir quel sera le délai pendant lequel l'incapable ou le non présent pourra demander le partage définitif. Il faut repousser ici l'application de l'art. 1304 , qui fixe le délai général de dix ans pour la prescription des actions en nullité. La demande d'un partage définitif n'a point, en effet, pour fondement l'existence d'un vice dont se trouverait entaché le partage provisionnel ; il faut donc décider que le droit de demander le partage définitif dure trente ans.

Partage judiciaire. — L'action en partage doit être portée devant le tribunal du lieu de l'ouverture de la succession (822), c'est-à-dire, devant celui du dernier domicile du défunt (110). Ce tribunal statue comme en matière sommaire, sur le refus de consentir au partage et sur

les contestations relatives à la manière d'y procéder. Par le même jugement, il commet un notaire pour les opérations du partage, et, s'il y a
lieu, un juge-commissaire, chargé de les surveiller et de faire le rapport des difficultés auxquelles ces opérations donneront naissance (823,
969, C. P. C.); les opérations que peut entraîner le partage sont :

1o *L'estimation des meubles et des immeubles à partager.* — L'estimation
des meubles qui doit être faite par gens à ce connaissant, à juste prix et
sans crue, est inutile, lorsque la prisée en a été déjà faite dans un inventaire régulier (825). L'estimation des immeubles, à laquelle il peut
être procédé par un ou trois experts convenus et nommés d'office, n'est
pas exigée d'une façon impérative; la loi abandonne la déclaration de
son opportunité au pouvoir discrétionnaire du tribunal devant lequel est
portée l'action en partage (970, al. 2, C. P. C.);

2o *La vente des meubles*, quand il existe des créanciers saisissants ou
opposants, ou quand la majorité des héritiers juge l'aliénation nécessaire
pour l'acquit des charges de la succession, *la vente des immeubles* quand
ils ne sont pas commodément partageables (827, al. 1. Voir 827, C. C.,
et 970 C. P. C);

3o *La formation de la masse partageable.* — Cette opération doit être
faite par le notaire commis (979, C. P. C). Il y procède sans l'assistance
d'un second notaire ou de témoins; s'il s'élève des difficultés, il en
dresse procès-verbal et le dépose au greffe (837, C. C.; 977, al. 2, 3 et
4, C. P. C.). Le juge-commissaire, saisi de la difficulté, tâche de concilier les parties, et, s'il ne le peut, il les renvoie à l'audience. Ce sont là,
du reste, des règles qui s'appliquent toutes les fois qu'il se présente une
contestation en matière de partage.

La masse partageable se forme de tout ce que le défunt a laissé
et des donations qui ont été faites en avancement d'hoirie, que les do-
nataires cohéritiers devront rapporter. Ils ne sont dispensés de l'obligation
du rapport que par une clause bien expresse. On doit aussi remettre dans la
masse les sommes dont chaque cohéritier pouvait être débiteur vis-à-vis
du défunt.

L'obligation du rapport ayant pour fondement incontestable l'égalité qui doit régner entre les cohéritiers, il est bien certain que celui qui renonce, n'ayant plus cette qualité, doit être dispensé du rapport; seulement il pourra conserver les donations qui lui auront été faites jusqu'à concurrence de la quotité disponible.

Il importe aussi, pour être soumis au rapport, de voir réunies sur la même tête la qualité de donataire et celle de légataire. Conséquemment, quoique souvent la loi pose en principe l'interposition de personnes, quand il s'agit, par exemple, de donations faites à un père et qui semblent être transmises à un fils, ou réciproquement, les libéralités faites par le défunt au fils et au conjoint du successible, ne seront pas réputées faites au successible lui-même, et conséquemment ne seront pas rapportables. Mais il est bien entendu que le représentant du successible devra rapporter ce qui a été donné à son auteur.

Toute espèce de donations ne sont pas rapportables : ainsi les frais d'entretien, d'éducation que l'on peut bien considérer comme de véritables cadeaux lorsqu'ils n'ont pas été faits également pour tous les enfans. Il en est de même des frais de noces et présents d'usage; la loi a peut-être pensé que toutes ces dépenses avaient été faites sur les revenus du père de famille, et que l'on ne pourrait pas se permettre de critiquer, pour ainsi dire, l'emploi de ces revenus en forçant au rapport ceux qui en avaient été gratifiés.

Mais l'obligation du rapport atteindra les avantages directs ou indirects provenant des contrats à titre onéreux passés avec le défunt, ou des associations faites entre lui et son successible. Il nous paraît aussi incontestable que le déguisement de la donation sous la forme d'un contrat à titre onéreux n'est pas, comme on l'a soutenu quelquefois, une dispense de rapport tacite.

Il est bien entendu que, puisque le rapport est fait pour assurer le maintien des droits respectifs des cohéritiers, eux seuls peuvent le demander ou en profiter.

Enfin, nous devons dire quelques mots des différentes manières dont le rapport peut se faire. Il se fait en moins prenant ou en nature.

Généralement, quand il s'agit d'immeubles, le rapport se fait en nature, et alors le donataire, considéré comme n'ayant jamais été propriétaire de l'immeuble rapporté, voit s'anéantir tous les droits qu'il a pu consentir sur lui. Cependant, le rapport en nature ne se fera plus lorsque l'immeuble aura été aliéné, et le cohéritier pourra demander d'être dispensé de cette nature de rapport, lorsqu'il se trouvera dans la succession des immeubles avec lesquels on pourra faire des lots à peu près égaux pour les autres cohéritiers.

On doit tenir compte au cohéritier qui rapporte des détériorations qui proviennent de sa faute, comme des dépenses qu'il a pu faire, et qui suivant qu'elles sont nécessaires ou utiles, seront remboursées pour le tout ou seulement jusques à concurrence de la plus value.

Le rapport des meubles se fait toujours en moins prenant et en appréciant leur valeur au moment même où la donation a été faite. Le rapport de l'argent donné se fait aussi en moins prenant dans le numéraire d'abord, puis dans le mobilier, et puis enfin dans les immeubles de la succession.

On a discuté le point de savoir si les meubles incorporels, tels qu'une créance ou une rente, devaient être rapportés en moins prenant ou en nature. Nous pensons que le rapport doit se faire en moins prenant.

4o *La composition des lots.* — Les lots sont faits par un expert spécialement désigné à cet effet par le juge-commissaire ; à moins que tous les cohéritiers ne soient majeurs et que par un choix unanime, ils ne confient cette mission à l'un d'eux qui l'accepte. (978, 979, C. P. C.) Les lots doivent être composés égaux pour pouvoir être distribués par le tirage au sort, soit entre les héritiers qui succèdent par tête, soit entre les souches copartageantes. (831, 836). La composition des lots doit avoir lieu de manière à faire entrer dans chacun d'eux une pareille quantité d'objets de même nature et même valeur, en évitant toutefois, autant que possible, le morcellement des héritages et la division des exploitations (832). Quand, malgré le vœu de la loi, il n'est pas possible de partager les objets héréditaires en lots parfaitement égaux, l'inégalité se compense par un retour en rente ou en argent, qu'on appelle soulte de partage (833).

5o *L'homologation du partage.* — Après le jugement des contestations auxquelles le partage a pu donner lieu , la formation des lots (835), et la clôture du procès-verbal de partage , l'homologation en est poursuivie par la partie la plus diligente et prononcée par le tribunal , sur le rapport du juge-commissaire (980 , 981 , C. P. C.)

6° *Le tirage au sort des lots* (834 , al. 2). La justice peut quelquefois dispenser de cette formalité , quand il y a grand intérêt pour les parties à avoir plutôt tel lot que tel autre , et alors l'on dit que le partage a été fait par voie d'attribution ; mais une jurisprudence constante admet que pareille dispense ne peut pas être accordée , quand il y a parmi les copartageants des mineurs ou des interdits.

7° *La remise des titres de propriété.* — Chacun doit avoir à sa disposition les titres de sa propriété , l'art. 842 consacre et réglemente ce droit.

§. 4. — *Des effets du partage.*

1° Le partage n'est pas attributif, mais simplement déclaratif de propriété. Cette maxime qui résume tout un ordre d'idées n'a pas été empruntée au Droit Romain , qui considérait le partage comme un acte d'aliénation consenti par chaque cohéritier en faveur de chaque cohéritier ; mais elle est conforme à l'ancienne jurisprudence, qui l'avait admise pour que l'héritier ne fût pas obligé de demander au seigneur l'investiture de sa part héréditaire , et pour soustraire ainsi le partage aux exigences de la fiscalité féodale. Si c'est là la raison historique de cette maxime , on pourrait essayer aussi d'en donner une raison théoriquement juridique , en disant que l'indivision dans laquelle se trouvent les héritiers à l'ouverture de la succession et qui engendre le droit de copropriété, est soumise à la condition résolutoire de la cessation de cette indivision , et que les effets de cette condition doivent rétroagir au jour même de l'ouverture de la succession.

L'art. 883 ne fait que reproduire la maxime déjà citée , en disant que chaque cohéritier est censé avoir succédé seul et immédiatement aux objets héréditaires compris dans son lot et n'avoir jamais eu aucun droit sur ceux de ces objets qui sont échus à ses cohéritiers. Les conséquences les plus simples de ce principe sont que , si un cohéritier a hypothéqué avant le partage un immeuble qui ne tombe pas dans son lot, s'il a consenti des servitudes sur lui , s'il l'a aliéné , les hypothèques s'évanouissent et ne renaissent pas sur les immeubles qu'il obtient dans le partage ; les servitudes s'éteignent , les aliénations peuvent être annulées.

2o La loi a voulu que la position des héritiers fût égale ; elle a voulu que la succession fût également partagée ; mais l'on sent que cette égalité ne serait plus qu'une vaine fiction , si après le partage, l'un deux pouvait se voir dépouiller d'une partie de son lot, le voir s'amoindrir sans qu'il eût de recours ; voilà le fondement de l'art. 884. Les cohéritiers sont garants les uns envers les autres de toute éviction , c'est-à-dire de toute dépossession des objets échus au lot de chacun d'eux , ainsi que des troubles de droit apportés à la paisible jouissance de ces objets et résultant d'une attaque judiciaire ou extrajudiciaire. Les cohéritiers doivent aussi se garantir non-seulement l'existence au jour du partage des créances héréditaires qui sont entrées respectivement dans leur lot , mais encore la solvabilité à cette époque des débiteurs de ces créances. Ils doivent aussi se garantir la contenance des immeubles assignés à chacun d'eux , quand l'assignation a eu lieu pour un prix calculé à raison de cette contenance.

Cette obligation a lieu de plein droit et s'applique au partage amiable comme au partage judiciaire.

Quand il y a eu trouble, les cohéritiers garants doivent faire cesser ce trouble; s'il y a eu éviction, chaque cohértier est tenu d'indemniser l'évincé du préjudice causé, proportionnellement à leur part héréditaire ; le garanti y contribue aussi dans la même proportion , et si l'un des héritiers est insolvable , le dommage résultant de cette insolvabilité se répartit de la même manière (885).

L'obligation de la garantie cesse dans trois cas :

1o Quand la cause du trouble de l'éviction est postérieure au partage; à ce moment-là en effet la copropriété, la communauté a cessé ; chacun est propriétaire à ses risques et périls, *res perit domino. Quid* dès lors

3

de la prescription dont la cause remonte avant le partage, mais qui ne s'est accomplie, n'est devenue parfaite qu'après ? Est-ce là une cause antérieure ou postérieure au partage ? En théorie, il est évident que cette dernière opinion devrait être adoptée ; la prescription en effet ne rétroagit qu'en faveur de celui pour qui elle est acquise ; cependant, comme ce résultat pourrait être assez dur quelquefois pour l'héritier, si cette prescription était accomplie peu de temps après le partage, avant qu'il eût pu raisonnablement la connaître et l'interrompre, on doit, avec la jurisprudence, admettre certain tempérament.

2° Quand, en allouant tel objet à un cohéritier on a déclaré qu'il était soumis à telle éviction et que l'héritier a déclaré accepter à ses risques et périls (885 al. 2). La renonciation tacite ne suffirait donc pas pour produire ce résultat.

3° Enfin, quand c'est par sa faute que l'héritier souffre l'éviction. Ainsi quand, interpellé judiciairement, il se défend sans appeler ses cohéritiers en cause, ceux-ci peuvent le repousser quand il recourt en garantie contre eux, en lui montrant que, s'ils eussent été appelés, ils auraient eu à présenter des moyens puissants qui auraient fait succomber le demandeur. Cette règle est énoncée dans l'art. 1640, à propos de la vente seulement ; mais elle a un caractère de justice qui lui vaut d'être élevée à la hauteur d'une règle générale.

L'action en garantie se prescrit par trente ans, à dater de l'éviction ou du trouble ; mais, par exception, quand elle est fondée sur l'insolvabilité du débiteur d'une rente, elle ne peut être exercée que dans les cinq ans qui le suivent. Cette disposition, qui a pour objet d'éviter les inconvénients de l'ancienne jurisprudence qui ne faisait courir la prescription que du moment où le service de la rente avait cessé, est assez rigoureuse ; elle doit donc être restreinte à la seule hypothèse qu'elle prévoit, et ne saurait être étendue au cas de dette d'un capital exigible ; la seconde partie de l'article 886 ne contient qu'un cas d'application de la première exception à l'obligation de garantie déjà mentionnée.

? 5. — *Rescision des Partages.*

Un partage peut être annulé pour cause de violence ou de dol (887 , al. 1), et pour obtenir cette annulation , il ne sera pas nécessaire de prouver qu'il y a eu lésion ; seulement il faudra que le dol ait été l'œuvre d'un copartageant ; quant à la violence , elle sera une cause de nullité quand même elle émanerait d'un étranger.

Le partage peut aussi être attaqué par voie de rescision pour cause de lésion de plus du quart (887 , al. 2). Ce cas-là et celui de la vente (1694) sont les seules exceptions au principe qui veut qn'en général la lésion ne soit pas une cause de rescision des conventions. L'exception se justifie ici par cette idée admise par le législateur que l'égalité doit constituer le fondement des partages.

L'action en rescision pour cause de lésion est admise contre tout acte dont l'objet est de faire cesser l'indivision. Elle est indépendante de la forme de l'acte , de sa qualification et même de sa nature intrinsèque (888). Cependant elle n'est pas recevable contre une cession de droits successifs faite par l'un des cohéritiers au profit de quelques autres , ou par quelques-uns d'entre eux , quand cette cession ayant eu lieu aux risques et périls du cessionnaire, constitue une véritable convention aléatoire ; mais il ne faut pas qu'il y ait fraude, et il y en aurait si le cédant, ne connaissant pas les forces de l'hérédité , le cessionnaire en avait une connaissace exacte ; le fondement des contrats aléatoires, en effet, c'est l'ignorance de la part des deux parties contractantes.

Quoique l'action en rescision soit recevable contre un partage opéré par voie de transaction, elle ne l'est plus contre une transaction conclue dans le but de vider les difficultés que présentait l'exécution du partage (888, al. 2.) Cette disposition a pour but unique de faire rentrer la transaction sous l'empire de la règle de droit commun contenue dans le second alinéa de l'art. 2052. Mais il faut, pour qu'elle s'applique , que les difficultés vidées ainsi par la transaction aient été bien réelles. Il est incontestable, en effet, que l'on bouleverserait l'économie de la loi si l'on pouvait simuler des difficultés, simuler aussi une transaction pour que, même dans le cas d'évidente violation des droits d'un cohéritier, l'action en rescision ne pût être intentée.

L'action en rescision est ouverte aussi bien contre un partage amiable que contre un partage judiciaire; et, pour l'apprécier , il faut se reporter au temps du partage et estimer les objets à leur valeur à ce moment-là. C'est, en effet, à ce moment qu'a commencé , qu'a été créée cette inégalité dont se plaint l'héritier lésé; aussi est-ce là une règle qui se comprend aussi aisément que celle qui est contenue dans l'art. 822 , qui attribue compétence au tribunal de l'ouverture de la succession pour les actions en rescision comme pour les actions en garantie.

Quand le partage est rescindé , les héritiers sont tout à fait replacés dans leur premier état d'indivision , et les aliénations consenties par les défendeurs à l'action en rescision sont révoquées ; mais ces derniers peuvent arrêter le cours de cette action et empêcher un nouveau partage, en offrant au demandeur le supplément de sa portion héréditaire , soit en numéraire, soit en nature (891). On peut aussi opposer des fins de non-recevoir à ces actions en nullité ou en rescision du partage, et il en est une qui est applicable aussi bien au cas de dol et de violence, qu'au cas de lésion ; c'est la prescription de dix ans qui courra pour la lésion du jour du partage, pour le cas de dol, du jour où il aura été découvert, pour le cas de violence du jour où elle aura cessé. La seconde fin de non-recevoir est celle qui résulte de la ratification expresse ou tacite, d'après les principes généraux de l'art. 1338, et celle-là est encore générale pour tous les cas de nullité et de rescision ; mais il en est une qui est spéciale au cas de dol ou de violence , c'est celle qui résulte de l'aliénation en tout ou en partie par l'héritier du lot qui lui est échu, si l'aliénation est postérieure à la découverte du dol ou à la cessation de la violence (892).

SECTION II. — *Division des créances héréditaires.*

Les créances divisibles qui font partie de l'actif héréditaire, se divisent de plein droit entre les héritiers, dans la proportion de la part pour laquelle chacun d'eux est appelé à l'hérédité (1120) ; de telle sorte que, même avant le partage, chaque héritier peut dans cette proportion réclamer le paiement de chacune des créances. De là découlent des conséquences modificatives du principe contenu dans l'art. 883 et dont l'application a déjà été étudiée ; il est, en effet, impossible de déclarer qu'un héritier saisi d'une part dans sa créance sera présumé n'avoir jamais succédé à cette créance, quand, par suite du partage, elle ne se trouvera dans son lot ni en totalité ni en partie, et quand par suite de cette saisine, les tiers auront acquis des droits définitifs; car c'est dans ces termes qu'il faut restreindre l'exception que cette division légale des créances apporte forcément à l'art. 883.

Sans doute, quoique la division des créances se fasse légalement, elles peuvent cependant faire l'objet d'un partage, l'art. 832 en fait foi, et alors l'art. 883 doit reprendre son empire ; mais il ne faut pas que son application vienne briser des droits définitivement et régulièrement acquis, sous l'empire de la division légale consacrée par l'art. 1220. Exemples : Un héritier cède sa part héréditaire dans sa créance de l'hérédité, et cependant la créance sur laquelle il a cédé sa part, ne tombe pas dans son lot; si l'on suivait avec rigueur l'art. 883, on déciderait que cette cession doit s'évanouir comme s'évanouit l'aliénation d'un immeuble qui n'est pas tombé au lot de l'héritier qui l'avait aliéné avant le partage ; mais ici l'on maintiendra cette cession, pourvu que le tiers soit réellement saisi avant le partage d'après les règles de l'art. 1690, c'est-à-dire par la notification de la cession faite au débiteur ou l'acceptation émanée de ce dernier par acte authentique. — De même, l'un des héritiers devient, avant le partage, débiteur d'une personne dont il était devenu créancier comme représentant du défunt ; évidemment, la compensation s'opère, et quand même cette créance qui a été éteinte en totalité ou en partie par la compensation opérée avec un héritier ne tomberait pas dans son lot, la compensation doit tenir ; il y a droit acquis pour le débiteur. Celui qui obtient dans son lot cette créance ne sera donc pas censé succéder seul et immédiatement à son lot, puisqu'il sera obligé de souffrir une diminution qui ne provient pas de son fait.

CHAPITRE II.

Partage du passif héréditaire.

Le défunt laisse des droits à son héritier ; mais en matière de succession comme partout, le devoir est corrélatif du droit , et ici le devoir consiste à payer les charges de l'hérédité , c'est-à-dire les legs qui ont été faits et les dettes du défunt comme celles de l'hérédité, par exemple les frais funéraires.

Les titres exécutoires contre le défunt sont pareillement exécutoires contre l'héritier personnellement ; cependant les créanciers ne pourront en poursuivre l'exécution que huit jours après la signification de ces titres, à la personne ou au domicile de l'héritier (877).

Quand il n'y a qu'un seul héritier régulier et qu'il accepte purement et simplement la succession, il doit en payer les dettes *ultrà vires ;* s'il accepte sous bénéfice d'inventaire, il n'est tenu que jusqu'à concurrence de ce qu'il y recueille ; il en est de même si l'héritier est un successeur irrégulier ; mais s'il y a plusieurs héritiers, comment supporteront-ils les charges de la succession? voilà la question à résoudre. Elle est complexe ; en effet, la part pour laquelle chaque cohéritier est tenu envers les créanciers du paiement des dettes, peut être différente de celle pour laquelle il est tenu de contribuer à leur acquittement, par rapport à ses cohéritiers et autres successeurs universels du défunt ; il importe donc de distinguer le paiement des dettes de la contribution aux dettes.

Contribution aux dettes (870). — Elle peut être fixée par les cohéritiers eux-mêmes, comme ils l'entendent. Ainsi, lorsqu'un immeuble, dans une succession, est chargé par hypothèque spéciale du service d'une rente, chacun des héritiers peut exiger que la rente soit remboursée et que l'immeuble soit rendu libre avant qu'il soit procédé à la formation des lots. Si personne ne l'exige, l'immeuble grevé est estimé comme si la rente n'existait pas ; puis, on déduit du produit de l'estimation le capital représentatif de la rente, et l'héritier au lot duquel tombe cet immeuble demeure seul chargé du service de la rente et doit garantir ses cohéritiers contre les poursuites du créancier.

A défaut de conventions spéciales, la loi a fixé elle-même l'étendue de la contribution aux dettes. Les cohéritiers doivent contribuer entr'eux au paiement des dettes de la succession, chacun dans la proportion de ce qu'il y prend (870). Le légataire à titre universel contribue au paiement, au prorata de son émolument ; mais le légataire particulier n'est pas tenu des dettes, sauf l'action hypothécaire sur l'immeuble légué (871). (Voir les articles 611 et 612 pour le légataire d'un usufruit.)

Paiement des dettes sur l'action des créanciers. — Quand les cohériters ont réglé entr'eux la quotité de dettes à laquelle chacun d'eux devra contribuer, les créanciers pourront les actionner pour la quotité fixée par la convention, parce qu'en définitive c'est bien là la mesure de ce que chacun d'eux devra supporter. Ainsi, quand les héritiers, étant au nombre de quatre, une convention a imposé à l'un d'eux l'obligation de payer le tiers des dettes, les créanciers peuvent, dans leur réclamation, suivre les bases de cette convention ; mais ils ne peuvent pas y être forcés, car les conventions n'ont d'effet qu'entre les parties contractantes. Alors ils suivront l'art. 873, qui déclare que les héritiers sont tenus des dettes et charges de la succession personnellement *pour leur part et portion virile.* Cet article doit être rectifié, parce que la loi veut incontestablement, d'accord avec la justice, que la part de dette pour laquelle un héritier est tenu de répondre vis-à-vis des créanciers, soit proportionnelle à la part d'actif qu'il prend, et ce résultat ne se produirait plus si l'on divisait toutes les dettes en quatre parties, parce qu'il y a quatre héritiers, quoique l'un d'eux, par son titre, obtînt le tiers de l'actif. Aussi cet article est-il corrigé par l'art. 1220, qui déclare que les héritiers sont obligés de payer les dettes pour la part dont ils sont tenus, comme représentant le défunt.

On peut se demander si l'héritier qui a accepté purement et simplement , peut être tenu *ultrà vires* des legs comme des dettes , et on doit répondre négativement à cette question. En effet , cette obligation *ultrà vires* est exorbitante, il ne faut donc pas l'étendre ; d'ailleurs les textes viennent à l'appui de cette opinion.

L'art. 1017 dit que les héritiers du testateur seront tenus d'acquitter les legs au prorata de la part et portion dont ils profiteront, tandis que l'art. 1220 déclare que l'obligation de payer les dettes s'exécutera proportionnellement aux parts pour lesquelles les héritiers représentent le défunt. Quoique le principe de la division des dettes soit fondamental en la matière, il est des cas où un seul héritier pourra être forcé à payer toute la dette, sauf son recours contre les cohéritiers ; ce sera : 1º quand la dette est indivisible ; 2º lorsque, quoique divisible , elle ne doit pas être payée divisément d'après la convention des parties ; 3º dans d'autres cas énumérés dans l'art. 1221 et entre autres dans le cas où un cohéritier possède un immeuble de la succession spécialement hypothéqué à la dette.

Dans les pays coutumiers, les créanciers ne pouvaient poursuivre que les héritiers du sang , eux seuls étaient saisis ; mais sous l'empire du Code Civil , les légataires universels étant quelquefois saisis eux aussi (1006) , ils devront être poursuivis directement par les créanciers. La jurisprudence a même étendu ce principe hors de ses limites, et a forcé les créanciers à diviser la dette, en tenant compte de la part pour laquelle les légataires doivent contribuer ; aussi l'insolvabilité du légataire qui , d'après les vrais principes , devrait être supportée par les héritiers, le sera par les créanciers. La jurisprudence a adopté la même règle pour les successeurs irréguliers, tels que les enfants naturels, en violentant un peu les principes , comme elle l'a fait pour les héritiers non saisis. Quand un cohéritier a été forcé par un créancier de payer plus qu'il ne devait personnellement, il aura son recours contre ceux qui devaient supporter avec lui une portion de la dette à raison de la part pour laquelle ils doivent y contribuer ; mais il devra diviser son recours pour éviter les circuits d'actions. Quoiqu'il ne puisse réclamer à chacun que la part dont il est tenu ; si cependant il est héritier sous bénéfice d'inventaire et que la valeur active recueillie dans la succession n'égale pas sa part contributoire, il a le droit de recourir contre les cohéritiers pour la différence existant entre son émolument et sa part contributoire (875). En cas d'insolvabilité d'un des cohéritiers ou successeurs à titre universel, sa part dans la dette hypothécaire est répartie au marc-le-franc (876).

Il ne faut pas que le droit pour les créanciers de la succession de réclamer le paiement de ce qui leur est dû, soit illusoire, et la loi y a pourvu en leur permettant d'exercer ce qu'on nomme le bénéfice de la séparation des patrimoines. Quand une demande à ces fins est faite en justice, la confusion qui s'établit de droit entre le patrimoine du défunt et celui de l'héritier, n'a plus lieu et les créanciers d'un héritier insolvable ne peuvent pas, en prenant comme gage les biens de l'hérédité, enlever aux créanciers de cette hérédité tout ou partie de leurs légitimes espérances (878 à 881).

Procédure Civile.

LIV. II , TIT. XXV.

Procédure devant les tribunaux de commerce, excepté l'art. 420.

La loi a pensé que les matières commerciales demandaient à être jugées par des juges spéciaux accoutumés à la pratique des affaires et aux réglements journaliers des marchés et des transactions ; elle a pensé pareillement que devant ces tribunaux particuliers la forme de procéder devait se débarrasser de quelques-unes de ces lenteurs qui garantissent sans doute l'exercice régulier des droits civils ordinaires , mais qui s'harmoniseraient mal avec la rapidité de la spéculation commerciale ; aussi a-t-elle organisé des tribunaux composés de commerçants et a-t-elle créé une procédure particulière pour l'instruction des affaires commerciales.

Nous allons examiner comment se déroule dans son ensemble et dans ses détails une action judiciaire devant les tribunaux de commerce, en faisant ressortir les différences qui séparent cette procédure de la procédure ordinaire ; mais , pour en dominer l'ensemble et en résumer les dispositions , nous croyons qu'il est bon de poser en principe : 1° que devant le tribunal de commerce il n'existe point d'avoué , de mandataires forcés *ad lites* , et que dès lors disparaissent avec eux toutes les règles de procédure relatives aux rôles qu'ils jouent dans les contestations, et notamment, pour le dire en passant, la distinction des jugements de défaut, en défaut faute de comparaître, ou défaut faute de plaider ; 2o que les tribunaux de commerce sont des tribunaux d'exception, c'est-à-dire qu'ils ne peuvent juger que les questions qui leur sont spécialement dévolues, et qu'ils ne connaissent point de l'exécution de leurs jugements ; 3o enfin que tout ce qui tendra à accélérer la marche du procès doit être favorablement accueilli devant le tribunal de commerce.

Section Ire. — Procédure commerciale ordinaire.

1o *Ajournement.* — La conciliation n'a pas besoin de précéder l'ajournement, comme en matière civile : le juge commercial a toujours pour mission de concilier avant que de juger.

L'ajournement ne contiendra pas évidemment de constitution d'avoué ; il pourra être donné à un jour franc (art. 416). Quelquefois même la loi abrège ce délai ; ainsi dans les affaires maritimes, lorsque les parties ne sont point domiciliées, ou quand il y a urgence, l'assignation pourra être donnée de jour à jour ou d'heure à heure (art 418). Enfin l'on pourra obtenir souvent du président du tribunal la permission d'assigner aussi rapidement, et même de saisir conservatoirement les effets mobiliers du défendeur. Seulement le demandeur pourra être astreint à donner caution ou à justifier d'une solvabilité suffisante, ce qu'il pourra faire en produisant son dernier inventaire.

2o *Remise de la copie.* — Les règles de cette remise sont les mêmes qu'en matière civile ; seulement il y est introduit une légère modification par l'art. 419 qui décide que l'on peut considérer le vaisseau où s'embarque une personne comme constituant un domicile où la copie peut être dès-lors valablement remise. Cette disposition est déjà vieille dans notre Droit, car elle était contenue dans l'ordonnance de 1681, mais elle n'avait pas alors l'extension que nous lui attribuons maintenant ; elle ne s'appliquait qu'aux maîtres de bateaux ou mariniers et non aux simples passagers assignés pour les affaires concernant l'objet de leur navigation.

3o *Instruction de l'affaire.* — Les parties sont tenues de comparaître en personne ou par le ministère d'un fondé de procuration spéciale , procuration qui pourra être sous-seing privé, mais qui doit être enregistrée. Les agréés eux-mêmes qui ne sont pas officiers ministériels , doivent se soumettre aux mêmes exigences.

Nous dirons en passant que puisque l'agréé ne joue pas le rôle d'avoué, il ne peut être soumis au désaveu, et que, contrairement à ce qui a lieu pour l'avoué, il ne pourra représenter la partie qu'à l'audience, sans que les significations qui lui seraient faites en dehors pour sa partie soient valablement remises.

Toutes les fois qu'à la première audience il n'intervient pas de jugement définitif, les parties non domiciliées dans le lieu où siége le tribunal, sont tenues d'y faire élection de domicile , sinon toute signification , même celle du jugement définttif , sera faite valablement au greffe du tribunal. L'on comprend que le motif de cette disposition est dans le désir de célérité que la loi a manifesté pour toutes les affaires commerciales ; mais faudrait-il aller jusqu'à dire que cette signification au greffe pourra servir à faire courir même le délai de l'appel ? Nous ne le croyons pas ; ce serait trop exorbitant.

Le tribunal pourra dans tous les cas ordonner, même d'office, que les parties seront entendues en personne à l'audience ou dans la chambre (428). Ce n'est là, au reste, qu'une disposition de droit commun ; mais ce qui est tout à fait particulier aux tribunaux de commerce , c'est qu'ils peuvent, toutes les fois qu'il y a certaines complications dans l'affaire, renvoyer les parties devant des arbitres, qui , sans rendre de véritables sentences obligatoires pour le tribunal, émettront cependant des avis qui auront pour ainsi dire une certaine force moralement obligatoire. Ces arbitres ne prêtent point serment ; ils peuvent faire assigner les parties devant eux, et ils rédigent des rapports qui n'ont pas besoin d'être signifiés aux parties, mais qui sont tout simplement déposés au greffe où les parties peuvent en prendre communication.

4° *Règles relatives aux jugements.*

A. — *Jugements contradictoires*. — Les règles relatives à la manière de recueillir les voix et de les compter, au partage des opinions et à la manière de le vider, à la prononciation et à la signature des jugements, sont les mêmes pour les tribunaux de commerce que pour les tribunaux civils.

Mais *quid* de la rédaction des qualités ? Dans la pratique, l'agréé de la partie qui gagne le procès remet au greffier les qualités toutes préparées, mais c'est là un usage vicieux, souvent fâcheux, et que la loi n'autorise nullement.

Les jugements de simple remise de causes ou autres analogues ne doivent être jamais ni levés ni signifiés ; quant aux autres jugements, même préparatoires, ils doivent, avant leur exécution, être signifiés à parties , soit au domicile réel, soit au domicile d'élection.

De même que les tribunaux civils , les tribunaux de commerce peuvent accorder des délais de grâce, excepté en matière de lettres de change ou de billets à ordre. Ils peuvent prononcer la contrainte par corps, qui est même de droit commun devant eux, quand la somme réclamée atteint le chiffre de deux cents francs ; ils peuvent accorder des dommages-intérêts, ordonner une reddition de comptes , mais alors ils renverront les parties devant les arbitres. La condamnation aux dépens et leur compensation aura lieu aussi-bien en matière commerciale qu'en matière civile, mais les agréés ne pourront point demander comme les avoués la distraction des dépens.

L'exécution provisoire sera souvent ordonnée en matière commerciale ; les juges pourront l'ordonner, nonobstant l'appel et sans caution, lorsqu'il y aura titre non attaqué ou condamnation précédente dont il n'y aura pas d'appel (art. 439).

La formule facultative dont se sert cet article ne porte que sur le point de savoir si la caution sera ou non ordonnée, et nous croyons dès-lors que l'exécution provisoire aura toujours lieu de droit , et que l'art. 439 n'a pas dérogé au principe posé sur ce point par la loi du 24 août 1790.

La manière dont la caution doit être reçue est indiquée dans les articles 440 et 441, qui ne méritent aucune observation particulière.

B. — *Jugements par défaut.* — Si le demandeur ne se présente pas, le tribunal donnera défaut et renverra le défendeur de la demande. Si le défendeur ne comparaît pas, il sera donné défaut et les conclusions du demandeur seront adjugées, si elles se trouvent justes et bien vérifiées (434). On s'est demandé si on pouvait appliquer, en matière commerciale, la règle contenue dans l'art. 153 du Code de Procédure et relative au défaut profit joint ; nous croirons assez volontiers que cette disposition ne doit pas souffrir pareille extension : d'abord, parce qu'il est un peu exorbitant du droit commun de refuser le droit d'opposition à une personne qui réassignée peut ne pas comparaître ; et puis, parce que son admission nous paraîtrait mal se concilier avec la rapidité de la procédure commerciale ordinaire.

Comme devant les tribunaux de commerce, il ne peut y avoir de distinction entre les jugements de défaut faute de comparaître et ceux faute de plaider, et qu'ils sont tous plutôt par défaut faute de comparaître, l'art. 435 leur applique uniformément la disposition de l'art. 156, applicable aux seuls jugements de défaut faute de comparaître, et qui ordonne qu'ils soient signifiés par huissiers commis.

Le délai de l'opposition était de huitaine, à partir du jour de la signification d'après l'art. 436 ; d'après l'art. 643 du Code de Commerce, l'opposition est possible jusqu'au moment de l'exécution du jugement. Aussi, peut-elle se faire, soit par exploit séparé, soit par déclaration sur le procès-verbal de l'huissier chargé de l'exécution (art. 438).

Le tribunal de commerce peut-il, dans le cas où il estime qu'il y a péril en la demeure, autoriser l'exécution aussitôt après la signification et nonobstant l'opposition ? L'affirmative nous paraît incontestable.

SECTION II. — *Incidents pouvant s'élever dans la procédure commerciale.*

1° *Exceptions.* — En matière ordinaire, l'exception de litispendance ou de connexité par exemple , peut être proposée après les défenses au fond ; il nous paraît résulter de l'art. 424 que cela ne pourrait avoir lieu en matière commerciale. L'art. 425 déroge aussi aux règles ordinaires, en autorisant le tribunal de commerce à statuer en même temps sur la compétence et sur le fond , pourvu que ce soit par des dispositions distinctes.

L'exception tendant à faire fournir la caution *judicatum solvi*, n'est jamais applicable en matière commerciale (art. 423).

Si les veuves et héritiers des justiciables du tribunal de commerce sont assignés en reprise ou par une nouvelle action et s'ils contestent leur qualité, le renvoi doit avoir lieu devant les tribunaux ordinaires pour faire juger cette question préjudicielle. Les tribunaux de commerce devront s'arrêter devant l'exception dilatoire qui leur serait présentée pour obtenir le droit de faire inventaire et de délibérer ; mais la prorogation de ces délais accordés à l'héritier bénéficiaire ne pourrait avoir lieu que d'autorité du tribunal civil.

2o *Enquêtes*. — En matière commerciale , la preuve testimoniale est , contrairement aux règles du droit commun, applicable dans tous les cas : au dessous de cent cinquante francs et même contre et outre le contenu aux actes. L'enquête se fait toujours dans la forme des enquêtes en matières sommaires. Il faut remarquer cependant que dans les causes sujettes à l'appel , il est indispensable de constater avec soin les entières dépositions des témoins.

3o *Expertises*. — Tandis que en matière ordinaire les juges ne peuvent nommer d'office que trois experts , et qu'ils doivent réserver aux parties le droit de choisir leurs experts dans le délai des trois jours de la signification , les tribunaux de commerce peuvent ne nommer qu'un expert, sans avoir besoin de réserver aux parties aucun droit de nomination (art. 429).

Si une pièce produite est méconnue, déniée ou arguée de faux , le tribunal de commerce renverra la question devant le tribunal civil , et il sera sursis au jugement de la demande principale. Ce renvoi devra même avoir lieu, lorsque le tribunal civil juge les affaires de commerce en l'absence d'un tribunal de commerce spécial.

Enfin, nous aurons à peu près terminé tout ce qui est relatif aux incidents qui peuvent se présenter dans une procédure commerciale, en disant qu'il n'y aura lieu à reprise d'instance, que lorsque l'une des parties sera morte, sans que le décès de la personne chez laquelle le domicile était élu pût avoir aucune influence de cette nature ; et en ajoutant aussi, que, malgré le silence du Code de Procédure sur ce point, la péremption doit avoir lieu en matière commerciale suivant les règles ordinaires.

Droit Criminel.

Des Plaintes et des Dénonciations.

(Code d'Instruction Criminelle, 29, 30, 31, 48, 50, 63 à 70).

Le pouvoir social chargé de réprimer les infractions à la morale publique et au Code Pénal, ne peut pas être tenu de connaître l'existence de toutes les actions que l'on peut incriminer et qu'il faut punir. D'un autre côté, il y aurait d'immenses dangers de permettre à toute personne qui se prétend lésée de se substituer à la puissance publique pour rechercher les preuves, faire l'instruction et requérir l'application de la peine.

Notre loi pénale a concilié ces deux idées en concentrant la poursuite et la répression des actions criminelles entre les mains de fonctionnaires déterminés, mais en permettant à toute personne de mettre en mouvement l'action publique, en éclairant ceux qui en sont les détenteurs légaux par des dénonciations ou des plaintes.

Nous allons examiner 1o ce que c'est qu'une dénonciation, une plainte, et qui a le droit de se plaindre ; 2o quels sont les officiers compétents pour les recevoir ; 3o quelles formes il faut employer pour la rédaction des dénonciations et plaintes ; 4o comment les parties peuvent se désister et quelle part de responsabilité incombe sur elles à propos de ces actes.

SECTION Ire. — *Qu'est-ce que c'est qu'une Dénonciation ? une Plainte ?*

La dénonciation est l'acte qui fait connaître à la justice qu'une action criminelle a été commise.

Quand la dénonciation est faite par la personne qui a été lésée, elle prend le nom de plainte ; enfin, outre le dénonciateur et le plaignant, il faut encore distinguer la partie civile, qui n'est autre chose qu'un plaignant plus exigeant que les autres, et qui demande des dommages-intérêts pour la réparation du préjudice qu'il a souffert.

La dénonciation est officielle ou privée. Elle est officielle lorsqu'elle est faite par un officier public, qui acquiert la connaissance d'un délit dans l'exercice de ses fonctions. Elle est privée, lorsqu'elle est faite par toute autre personne. L'art. 29 du Code d'Instruction Criminelle, reproduisant du reste à peu près les dispositions de l'art. 83 du Code de brumaire an IV, fait un devoir aux fonctionnaires de cette dénonciation officielle. L'article suivant prescrit bien aussi cette dénonciation aux simples citoyens comme aux officiers publics, mais seulement à l'égard des crimes et délits dont ils ont été les témoins. Encore même est-il bien certain que cette injonction n'impose qu'une simple obligation morale, surtout depuis que la loi de 1832 a abrogé les dispositions pénales qui punissaient notamment la non-révélation des crimes d'état et de fausse monnaie.

La plainte ne peut être jamais que la dénonciation d'un tort personnel au plaignant, et cela est surtout vrai quand la plainte se change en constitution de partie civile qui s'associe à l'action publique et demande pour son compte une répression pécuniaire. L'art. 63 du Code d'Instruction Criminelle dit, en effet, qu'il n'y aura que la personne qui se prétendra lésée par un crime ou un délit qui pourra se porter partie civile. Il faut que le dommage soit personnel à cette partie ; on ne considérerait point comme tel un dommage occasionné à une communauté d'habitants ou à une famille dont le plaignant serait membre.

Il faut encore, pour pouvoir se porter partie civile, que l'on ait un droit actuel à la réparation du délit, parce que la lésion a déjà été éprouvée. Enfin, outre cette double condition légale, il faut que celui qui veut intenter une action civile, justifie d'une certaine capacité personnelle.

Ainsi, la femme mariée ne pourra jamais se porter partie civile sans l'autorisation de son mari ; la disposition de l'art. 215 du Code Napoléon ne peut souffrir aucune sorte d'exception ; les mineurs devront toujours être représentés par leur père ou par leur tuteur, à moins qu'ils ne soient émancipés. Quant aux étrangers, leur action sera toujours subordonnée à la condition de fournir la caution : *judicatum solvi*.

On s'est demandé quelquefois si l'on pouvait se porter partie civile, sans avoir d'abord déposé une plainte. Le texte de l'art. 63, qui déclare qu'une personne lésée *peut rendre plainte et se constituer partie civile,* et celui de l'art. 67 qui porte que les *plaignants* pourront se porter *partie civile* en tout état de cause, semble faire supposer que la plainte doit être une condition préalable de la constitution de la partie civile ; mais outre qu'en matière correctionnelle il est incontestable que le prévenu peut être cité directement à la requête de la partie civile, nous croyons qu'en général la constitution de la partie civile n'est soumise à aucune condition préalable.

Section II. — *Quels sont les magistrats compétents pour recevoir les dénonciations et les plaintes.*

Aux termes de l'art. 63, toute personne qui se prétend lésée peut porter plainte devant le juge d'instruction, et seulement ce semble devant lui ; tandis que d'après les art. 48 et 50, les juges de paix, les officiers de gendarmerie, les maires, adjoints au maire, les commissaires de police, ne peuvent recevoir que les dénonciations de crimes ou délits commis dans les lieux où ils exercent leurs fonctions habituelles. Quant au procureur impérial, l'art. 64 lui permet de recevoir à la fois les plaintes et les dénonciations. Quand les plaintes et dénonciations ont pour objet des contraventions de police, d'après l'art. 11 les commissaires de police ou les maires, ou les adjoints au maire recevront les rapports qui y sont relatifs.

Une question se présente tout naturellement à l'esprit. La plainte sera-t-elle nulle parce que l'officier qui l'a reçue était incompétent pour la recevoir ? Nous ne le croyons pas, car la plainte n'est pas, au moins en général, une base nécessaire des procédures criminelles ; pourvu que la poursuite soit régulièrement exercée par des magistrats compétents , nul n'a de réclamation à exercer. Nous adopterions une solution opposée dans le cas où la plainte serait une condition essentielle de l'exercice de l'action publique , ainsi dans le cas d'adultère ou de diffamation.

Si l'officier auquel s'adresse le plaignant refuse de recevoir sa plainte , le plaignant ne pourra qu'assigner directement ou bien adresser ses réclamations au procureur-général.

SECTION III. — *Forme des dénonciations et plaintes.*

L'art. 31 du Code d'Instruction Criminelle, combiné avec l'art. 65, déclare que les dénonciations seront rédigées par les dénonciateurs ou par leurs fondés de procuration spéciale, ou par le procureur impérial s'il en est requis. Elles seront signées par le procureur impérial à chaque feuillet, ainsi que par les dénonciateurs ou leurs fondés de pouvoir ; si les dénonciateurs ou leurs fondés de pouvoir ne savent ou ne veulent signer, il en sera fait mention. La procuration demeurera toujours annexée à la dénonciation, et le dénonciateur pourra se faire délivrer, mais à ses frais, une copie de la dénonciation.

La loi n'indique point s'il faut détailler ou non les circonstances du fait dénoncé ; mais il est à présumer qu'il faut surtout indiquer avec soin la nature des preuves à fournir contre les prévenus , les noms et demeures des plaignants et des contrevenants , et des témoins s'il en existe. Quant à la forme extérieure de la plainte, rien n'est encore bien déterminé ; il n'est pas douteux qu'une simple lettre du plaignant pourrait suffire.

Les anciennes ordonnances ainsi que l'ancienne législation considéraient la plainte comme nulle, quand le plaignant qui savait signer se refusait cependant à le faire. Notre Code a bien fait , dans l'intérêt de la vérité et de la justice, de se garder de ce système.

Si, comme nous l'avons dit, les parties ne sont soumises à aucune forme spéciale pour la rédaction de leurs plaintes ou dénonciations , il n'en est point de même pour les officiers de police qui doivent toujours dresser un procès-verbal, soit pour constater la remise de la plainte écrite, soit pour constater les déclarations qui leur sont faites. Les art. 53 et 54 prescrivent aussi à ces officiers de transmettre au ministère-public les originaux mêmes des plaintes , et non point des copies ou des expéditions.

Quand le plaignant se porte partie civile , il faut qu'il le déclare formellement , ou par la plainte , ou par un acte subséquent, ou qu'il prenne , par l'un ou l'autre de ces deux actes, des conclusions en dommages et intérêts (art. 66). D'après les termes de l'article 63, il semblerait que l'on ne peut se porter partie civile que devant le juge d'instruction ; ce serait une erreur. La partie lésée peut se porter partie civile , en tout état de cause jusqu'à la clôture des débats , à la condition seulement d'avancer la somme présumée nécessaire pour les frais de la procédure , au moins en matière de police simple ou correctionnelle (décret du 18 juin 1811). Mais cette consignation n'est plus essentielle , quand la partie civile ne fait que joindre ses conclusions à celles du ministère public qui a déjà commencé les poursuites. D'après l'article 68 la partie civile doit aussi élire domicile dans l'arrondissement communal où se fait l'instruction , par acte passé au greffe de ce tribunal ; mais la sanction de cette obligation n'est point la déchéance de se porter partie civile , mais seulement l'impossibilité d'opposer le défaut de signification contre les actes qui auraient dû être signifiés à la partie civile aux termes de la loi.

La jurisprudence a été appelée quelquefois à décider la question de savoir quelles sont les formalités les plus substantielles d'une plainte, et il a été jugé que, pourvu que le fait soit bien formulé, que le nom du dénonciateur soit indiqué, et enfin que la plainte ait été remise à un véritable officier de police, on ne pourrait pas annuler une plainte qui ne serait pas, par exemple, signée à toutes les pages, ou présentée par un procureur fondé qui n'aurait point annexé sa procuration.

SECT. IV. — *Désistement des Parties plaignantes. — Responsabilité qu'elles peuvent encourir.*

L'art. 66 déclare que les parties civiles pourront se départir de leurs conclusions dans les vingt-quatre heures à partir de leur constitution, et comme ce droit n'est accordé qu'aux parties civiles, il s'ensuit qu'il n'est point de désistement possible pour les simples plaignants, et que la partie civile qui s'est désistée conservera toujours son caractère de partie plaignante.

Les formes du désistement ne sont point énoncées dans la loi ; elle nous apprend seulement qu'il faudra le faire dans les vingt-quatre heures comptées de *horâ ad horam* ; mais il paraît assez naturel que ce désistement doive être fait par écrit, signé du plaignant, et signifié tant au prévenu qu'au ministère public.

Mais quel sera l'effet du désistement ? anéantira-t-il l'instance, en laissant subsister l'action, ou bien éteindra-t-il l'action qui ne pourra plus être portée ni devant les juges criminels, ni devant les juges civils ? Il nous semble que, contrairement à ce qui se passe en matière civile où le désistement qui forme un contrat entre les deux parties, n'emporte que l'extinction de l'instance, et non point de l'action qui peut être reportée devant les mêmes tribunaux, le désistement en matière criminelle, ne permettra plus à la partie civile de reporter son action devant les tribunaux criminels, mais ne lui défendra pas de la porter devant les tribunaux civils.

Nous avons dit que le désistement de la partie civile lui conservait toujours la qualité de partie plaignante ; aussi l'article 66 déclare-t-il que les prévenus pourront toujours réclamer contre elle, s'il y a lieu, des dommages et intérêts. L'article 358 décide aussi que l'accusé acquitté pourra obtenir des dommages et intérêts contre ses dénonciateurs pour *fait de calomnie*, et que le procureur-général sera tenu, sur la réquisition de l'accusé, de lui faire connaître ses dénonciateurs. Enfin, l'article 373 du Code Pénal est ainsi conçu : Quiconque aura fait par écrit une dénonciatation calomnieuse contre un ou plusieurs individus, aux officiers de justice ou de police administrative ou judiciaire, sera puni d'un emprisonnement de un mois à un an, et d'une amende de cent francs à trois mille francs.

Mais faut-il dire que la faute même la plus légère pourra être imputable au dénonciateur quand il s'est trompé ? Non ; il résulte de la discussion du Conseil d'Etat, que le dénonciateur qui a été de bonne foi, qui a été induit en erreur par des indices graves, ne doit pas être responsable, et c'est pour répondre à cette opinion que les mots pour *fait de calomnie* ont été insérés dans la loi. Cette solution sera encore bien plus vraie lorsque sur la dénonciation faite et qui plus tard se trouve être erronée, le ministère public a requis une instruction qui a fourni des indices graves transformés par la chambre du conseil en sources de mise en prévention. Comment en effet, disait Cambacérès, pourrait-on punir un particulier qui dénonce une erreur que l'autorité publique a partagée avec lui ?

Quand la dénonciation a été calomnieuse, tous les dénonciateurs, même les fonctionnaires publics, peuvent être poursuivis, mais ils ne pourront l'être qu'en suivant les formes de la procédure de la prise à partie. (358 du C. I. C.)

Vu par le Président de la Thèse,
BENECH.

Toulouse, Imprimerie Gibrac OUVRIERS RÉUNIS, rue Saint-Pantaléon, 5.

TOULOUSE
OUVRIERS RÉUNIS
St-Pantaléon, 3.

www.ingramcontent.com/pod-product-compliance
Ingram Content Group UK Ltd.
Pitfield, Milton Keynes, MK11 3LW, UK
UKHW020050100726
13658UKWH00004B/1673